www.kreative-manufaktur.de
Jetzt auch online
Selbermachen. Genießen. Verschenken.

Selbermachen. Genießen. Verschenken.

Liköre und Sirupe aus der kreativen Manufaktur
sind schöne Geschenke und Mitbringsel:
mit Sorgfalt hergestellt, mit Liebe verpackt.

Karina Schmidt • Anna Postel

LIKÖR UND SIRUP ZUM VERSCHENKEN
Leckereien in Flaschen hübsch verpackt

Inhalt

- 08 Erdbeerlimes
- 10 Ovale Anhänger
- 12 Crema di Limoncello
- 14 Silberne Etiketten
- 18 Minzlikör
- 20 Filigrane Etiketten
- 22 Karamell-Likör
- 24 Moderne Etiketten
- 28 Kokoslikör
- 30 Häubchen und Etiketten

- **32 Beschwipste Rezepte**
- 34 Bratapfellikör
- 36 Natürliche Deko
- 38 Limettensirup
- 40 Fruchtige Anhänger
- 44 Ananassirup
- 46 Manschetten

- **48 Wissenswertes zu Likören und Sirupen**
- 50 Kirschteesirup
- 52 Wimpel-Anhänger
- 54 Rumtopf
- 56 Deckel-Etiketten

- 58 Vorlagen
- 60 Die kreative Manufaktur
- 64 Autorinnen und Impressum

Geistreiches in Flaschen

Likör und Sirup kann man einfach immer genießen – ganz unabhängig von der Jahreszeit. Im Frühling und Sommer werden aus Früchten und Kräutern erfrischende Getränke gezaubert, mit denen man einen schönen Tag ausklingen lassen kann. Im Herbst und Winter sind gehaltvollere Rezepte angesagt, wie etwa ein Bratapfel- oder Karamell-Likör. Mit einem Gläschen dieser alkoholischen Köstlichkeiten kann man es sich dann auf dem Sofa gemütlich machen.

Und weil eine Flasche selbstgemachter Likör oder Sirup ein kreativeres Geschenk als eine Flasche Wein ist, wird in diesem Buch zu jedem Rezept eine Verpackungsidee vorgestellt. Damit Sie Ihr Geschenk schnell und unkompliziert in Szene setzen können, sind die Verpackungen eher einfach und unaufwendig. Lassen Sie sich inspirieren!

Erdbeerlimes süß und fruchtig

Kochen Sie den Zucker in 200 ml Wasser auf und lassen Sie den Sirup abkühlen.

Pürieren Sie die Erdbeeren sehr fein. Auf Wunsch können Sie das Erdbeermus zusätzlich durch ein Sieb passieren. Rühren Sie den Sirup und den Wodka unter.

Schmecken Sie den Erdbeerlimes mit Zitronensaft ab und füllen Sie ihn in sterilisierte Flaschen ab.

Serviervorschlag: An einem heißen Sommertag schmeckt der Erdbeerlimes mit Eiswürfeln serviert am besten. Schütteln Sie ihn vor dem Servieren durch, wenn sich durch langes Stehen zwei Phasen entwickelt haben sollten.

Der Erdbeerlimes ist im Kühlschrank zwei bis vier Wochen haltbar.

Die Verpackungsidee für den Erbeerlimes finden Sie auf Seite 10/11.

Zutaten für 3 Flaschen à 500 ml

300 g Zucker
750 g Erdbeeren, gewaschen und geputzt
350 ml Wodka
200–300 ml frisch gepresster Zitronensaft (ca. 6–7 Zitronen)

Ovale Anhänger für den Erdbeerlimes

Übertragen Sie die Vorlage auf das weiße Papier und schneiden Sie die Form aus. Ziehen Sie wie abgebildet zwei durchgezogene und zwei gestrichelte Linien und beschriften Sie den Anhänger.

Stanzen Sie aus dem farbigen Papier mit dem Motivlocher ein Oval aus. Arbeiten Sie nun nicht mit dem Oval weiter, sondern mit dem Reststück des Papiers und schneiden Sie mit der Konturenschere eine Manschette aus. Zum Schluss den Anhänger und dann die Manschette um den Flaschenhals legen.

Material

Tonpapier in Weiß, Rosa- und/oder Rottönen
Motivlocher „Oval", 5 cm breit
Konturenschere mit Wellenrand
Gelstift oder Fineliner in Schwarz

Vorlage Seite 58

Crema di Limoncello
Klassiker aus Italien

Waschen Sie die Zitronen gründlich unter heißem Wasser. Schälen Sie die Zitronenschale ringsum so dünn ab, dass keine weißen Schalenreste daran haften, da diese den Likör bitter machen. Die Zitronenschalen mit dem Alkohol in ein großes Glas geben und verschließen. Sieben Tage ziehen lassen, dann durch ein mit einem Passiertuch ausgelegtes Sieb abgießen.

Kochen Sie das Wasser mit dem Zucker auf, lassen Sie es abkühlen, vermischen Sie es mit dem Zitronenalkohol und geben Sie die Sahne hinzu. Je nach Geschmack geben Sie nur die Mindestmenge von 250 ml zu. Mögen Sie den Likör eher milder, verdoppeln Sie die Menge.

Tipp: Der Limoncello schmeckt im Sommer sehr erfrischend, wenn er direkt aus der Tiefkühltruhe in eisgekühlte Gläser gegossen und sofort serviert wird. Durch den Alkoholgehalt gefriert der Limoncello nicht.

Im Kühlschrank gelagert ist der Limoncello (mit Sahne) ca. vier Wochen haltbar.

Die Verpackungsidee für den Limoncello finden Sie auf Seite 14/15.

Zutaten für 4 Flaschen à 500 ml

4 unbehandelte Bio-Zitronen
500 ml Alkohol (mindestens 50 % Vol.)
500 g Zucker
500 ml Wasser
250–500 ml Sahne

Silberne Etiketten für den Limoncello

Material
Tonpapier in Silber
Kreisetiketten in Weiß, ø 8 mm
Fineliner in Schwarz
Loch- und Ösenzange
Ösen in Silber
Satinband in Blau, 3 mm breit

Schneiden Sie aus dem silberfarbenen Papier ein 4,5 cm x 7 cm großes Rechteck aus und bringen Sie wie abgebildet an den kurzen Seiten mittig je eine Öse an.

Ober- und unterhalb der Ösen jeweils eine gestrichelte Linie mit dem Lineal ziehen und das Etikett beschriften. Die obere und untere Kante wird mit Kreisetiketten verziert, die Sie vor dem Aufkleben halbieren. Runden Sie zum Schluss die Ecken des Etiketts ab und bringen Sie es mit dem Satinband an der Flasche an.

Minzlikör
mit Melisse & Ingwer

Waschen Sie Minze und Melisse und tupfen Sie alles mit Küchenpapier trocken. Dann stecken Sie die Minze mit den Stielen nach oben in eine Flasche und geben die Melisse und den Ingwer dazu.

Die Zitronensäure im Korn auflösen und über die Minze geben, sodass sie vollständig bedeckt ist. Verschließen Sie die Flasche gut und lassen Sie den Liköransatz drei bis vier Tage an einem warmen Ort ziehen.

Gießen Sie den Liköransatz durch ein feines Sieb und einen Trichter in eine zweite Flasche. Lösen Sie den Zucker in 200 ml warmem Wasser auf und süßen Sie den Liköransatz damit. Beginnen Sie mit 150 ml Zuckersirup und geben Sie dann je nach Geschmack mehr Sirup dazu.

Lassen Sie den Minzlikör noch einige Wochen an einem warmen Ort reifen, das Aroma verfeinert sich dadurch.

Tipp: Wenn Ihnen der Likör zu herb schmeckt, können Sie ihn mit Sahne verfeinern.

Der Minzlikör ist ca. zwei Jahre haltbar.

Die Verpackungsidee für den Minzlikör finden Sie auf Seite 20/21.

Zutaten für 3 Flaschen à 300 ml

12 Zweige Pfefferminze (Nana-Minze oder Spearmint sind sehr intensiv)
4 Blätter Zitronenmelisse
2–3 Scheiben frischer Ingwer
1 TL Zitronensäure
700 ml Korn
350 g Zucker
200 ml Wasser

Filigrane Etiketten für den Minzlikör

Material
Tonpapier in Grün und Weiß
Textstempel zum Selbersetzen
Stempelfarbe in Schwarz
Skalpell und Schneideunterlage
doppelseitiges Klebeband

Schneiden Sie aus beiden Papieren ein je 8 cm x 18 cm großes Rechteck aus. Legen Sie das weiße Papier im Querformat vor sich hin und bestempeln Sie es mit dem selbstgesetzten Text im oberen Drittel.

Mit dem Skalpell Blätter ins Papier schneiden. Dabei fällt am unteren Rand des Papiers etwa ein Drittel weg. Wenn Sie mit den Formen zufrieden sind, kleben Sie das weiße Papier mit dem doppelseitigen Klebeband an der oberen Papierkante auf das grüne Papier. Legen Sie die Banderole um die Flasche und verschließen Sie diese mit dem Klebeband.

Karamell-Likör
süß und cremig

Geben Sie die geschlossenen Kondensmilchdosen für drei Stunden in einen Topf mit kochendem Wasser. Schauen Sie immer wieder nach, ob noch genügend Wasser im Topf vorhanden ist. Anschließend lassen Sie die Dosen abkühlen.

Öffnen Sie die Dosen, geben Sie das Karamell mit dem Vanillemark und dem Rum in eine Schüssel und mixen Sie alles mit dem Pürierstab auf. Füllen Sie den Likör in sterilisierte Flaschen ab und lagern Sie ihn kühl.

Tipp: Der Karamell-Likör schmeckt nicht nur pur, sondern ausgezeichnet zu Vanille- oder Schokoladeneis.

Der Karamell-Likör ist vier bis sechs Monate haltbar.

Die Verpackungsidee für den Karamell-Likör finden Sie auf Seite 24/25.

Zutaten für 3 Flaschen à 400 ml

2 Dosen gezuckerte Kondensvollmilch
à 400 ml
Mark von
2 Vanilleschoten
700 ml brauner Rum
(40% Vol.)

Moderne Etiketten für den Karamell-Likör

Material
Tonpapier in Weiß und Bronze
Buchstabenstempel
Stempelfarbe in Schwarz
doppelseitige Klebefolie
Satinband in Bronze, 9 mm breit

Vorlage Seite 58

Die Vorlage auf das weiße Papier übertragen und die Form ausschneiden. Stempeln Sie das Wort „Karamell" auf und schreiben Sie mit der Hand das Wort „Likör" darunter.

Kleben Sie unterhalb des Textes ein Stück des bronzefarbenen Papiers auf und befestigen Sie das Etikett mit der doppelseitigen Klebefolie an der Flasche. Zum Schluss eine Schleife um den Flaschenhals binden.

Aus Erdbeeren, Zitronen, Karamell & Co. entstehen Leckereien mit Schuss, Geistreiches in Flaschen, beschwipste Köstlichkeiten oder für den alkoholfreien Genuss ein feiner Sirup. Liköre und Sirupe können pur genossen oder zu feinen Drinks weiterverarbeitet werden.

Kokoslikör sorgt für Urlaubsfeeling

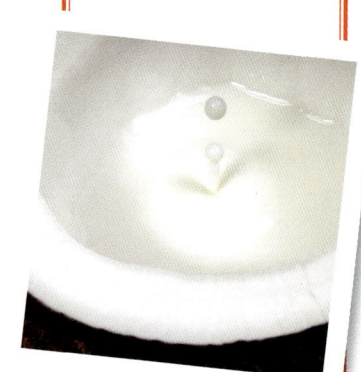

Mischen Sie alle Zutaten in einem Mixer gut durch und füllen Sie den Kokoslikör in Flaschen ab.

Serviervorschlag: Mischen Sie den Kokoslikör mit Ananassaft und gestoßenem Eis und schon haben Sie eine Piña Colada.

Der Kokoslikör hält sich im Kühlschrank etwa zwei Wochen.

Die Verpackungsidee für den Kokoslikör finden Sie auf Seite 30/31.

Zutaten für 3 Flaschen à 300 ml

250 ml Kondensmilch (10 % Fett)
300 ml weißer Rum oder Cachaça
400 ml Kokosmilch

Häubchen und Etiketten für den Kokoslikör

Material
Tonpapier in Blau
Rahmenstempel
Stempelfarbe in Weiß
Buchstabenschablone
Gelstift in Silber
Geodreieck®
Muffinförmchen in Weiß
Kordel in Blau-Weiß
doppelseitiges Klebeband

Stempeln Sie den Rahmen mit weißer Stempelfarbe auf das blaue Papier und schneiden Sie ihn nach dem Trocknen mithilfe eines Geodreiecks® mit einem 5 mm breiten Rand aus. Beschriften Sie das Etikett mit der Buchstabenschablone und kleben Sie es mit dem doppelseitigen Klebeband an der Flasche fest.

Für das Häubchen das Muffinförmchen über den Deckel stülpen und mit der Kordel festbinden.

Beschwipste Rezepte

Heiße Minz-Schokolade

Zutaten für 1 Liter
1 Tafel Vollmilchschokolade
500 ml Milch
400 ml Kokosmilch
2 EL Zucker
Minzlikör
evtl. Schlagsahne
evtl. Kakaopulver und
Minzblättchen (zum Dekorieren)

Lösen Sie die Tafel Vollmilchschokolade langsam in 50 ml Milch auf. In einem weiteren Topf verrühren Sie 450 ml Milch mit der Kokosmilch und geben 2 EL Zucker hinzu. Lassen Sie alles aufkochen, reduzieren Sie die Temperatur und rühren Sie die aufgelöste Schokolade unter. Lassen Sie die Mischung jetzt nicht mehr aufkochen!

Vor dem Servieren geben Sie einen kräftigen Schuss Minzlikör (Rezept siehe Seite 18/19) zu. Gießen Sie die heiße Minz-Schokolade in Kaffeetassen. Wer mag, kann dann noch etwas Sahne aufschlagen, auf die heiße Schokolade geben und mit Kakaopulver und einem Minzblättchen dekorieren.

Limetten-Melonen-Granita

Zutaten für 4 Personen
2 Stängel frische Minze
oder Pfefferminztee im Beutel
800 g Wassermelone, entkernt
150 ml Limettensirup
evtl. Minzblättchen (zum Dekorieren)

Bereiten Sie einen stark konzentrierten Pfefferminztee zu, indem Sie einen Minzteebeutel oder zwei frische Stängel Minze in 50 ml kochendem Wasser ziehen lassen. Anschließend pürieren Sie die entkernte Wassermelone und geben den Limettensirup (Rezept siehe Seite 38/39) und den abgekühlten Minztee dazu. Dann wird auch die Mischung noch einmal püriert.

Füllen Sie das Minze-Limetten-Melonen-Püree in eine flache Auflaufform und stellen Sie es in das Gefrierfach. Nach einer Stunde mit einer Gabel durch die Masse rühren. Dies wird alle drei bis vier Stunden wiederholt. Am besten stellen Sie sich einen Wecker, sonst vergisst man es leicht.

Vor dem Servieren wird die Limetten-Melonen-Granita nochmals mit der Gabel aufgelockert und in gekühlten Gläsern mit einem Minzblatt serviert

Bratapfellikör
weihnachtliche Aromen

Heizen Sie den Backofen auf 180 °C vor (Ober/Unterhitze). Waschen und halbieren Sie die Äpfel und stechen Sie sie ringsum drei- bis viermal mit einer Gabel ein. Geben Sie die Äpfel in einer Fettpfanne in den vorgeheizten Backofen und garen Sie die Äpfel etwa 30 Minuten lang. Machen Sie zwischendurch eine Garprobe, die Äpfel dürfen nicht zu weich werden.

Die Äpfel abkühlen lassen und abwechselnd mit den Rosinen und dem Rohrzucker in ein Glas mit weiter Öffnung schichten. Vanilleschote, Zimtstangen, Nelken und Sternanis dazugeben und alles mit dem Alkohol übergießen. Legen Sie zum Schluss einen Teller auf die Äpfel, damit sie nicht nach oben steigen können, und verschließen Sie das Glas. Den Liköransatz nun vier Wochen ziehen lassen. Filtern Sie nach der Ziehzeit alles durch ein feines Sieb oder – besser noch – ein Mulltuch und füllen Sie den fertigen Bratapfellikör in Flaschen ab.

Der Bratapfellikör ist ein bis zwei Jahre haltbar.

Die Verpackungsidee für den Bratapfellikör finden Sie auf Seite 36/37.

Zutaten für 4 Flaschen à 500 ml

7 mittelgroße Äpfel (Boskop, Cox Orange, Elstar), halbiert, Kerngehäuse entfernt
100 g Rosinen
15 EL brauner Rohrzucker
1 Vanilleschote, der Länge nach aufgeschnitten
2 Zimtstangen
2 Gewürznelken
1 Sternanis
1½ l Korn oder Wodka

Natürliche Deko für den Bratapfellikör

Aus dem Naturpapier ein 8 cm x 10,5 cm großes Rechteck zuschneiden und mit den Buchstabenstempeln bestempeln. Kleben Sie das Etikett mit dem doppelseitgen Klebeband an der Flasche fest.

Fertigen Sie aus einem farblich passenden Papier ein Häubchen und binden Sie mit dem Band eine Schleife um den Flaschenhals.

Material
Tonpapier in Naturtönen
Strohseide in Weiß und Naturtönen
Buchstabenstempel
Stempelfarbe in Braun
Schleifenband in Braun-Weiß kariert, 9 mm breit
doppelseitiges Klebeband

Limettensirup
frisch und fruchtig

Halbieren Sie die Limetten und pressen Sie den Saft aus. Sie sollten etwa 500 ml Saft erhalten. Den Saft aufkochen und 400 g Zucker hinzugeben. Schmecken Sie den Saft ab: Sollte er Ihnen noch zu sauer sein, geben Sie weiteren Zucker hinzu.

Lassen Sie den Sirup drei bis fünf Minuten köcheln. Nehmen Sie entstehenden Trester mit einer Schaumkelle ab oder gießen Sie den Sirup durch ein mit einem Mulltuch ausgelegtes Sieb. Kochen Sie den Limettensirup noch einmal auf und füllen Sie ihn dann kochend heiß in sterilisierte Flaschen ab. Zum Schluss die Flaschen verschließen.

Tipp: Wenn Sie den erfrischenden Geschmack noch etwas intensivieren möchten, geben Sie beim Kochen des Sirups drei bis vier Stängel Minze hinzu.

Der Sirup ist ca. ein Jahr haltbar. Er sollte dunkel aufbewahrt werden, da die Farbe des Sirups schnell verblasst.

Die Verpackungsidee für den Limettensirup finden Sie auf Seite 40/41.

Zutaten für 2 Flaschen à 300 ml

16–18 Limetten
400–500 g Zucker

Fruchtige Anhänger für den Limettensirup

Material
Tonpapier in Hellgrün
Buchstabenstempel
Stempelfarbe in Grün
Gelstift in Silber
Masking Tape in Grün-Weiß gestreift
Loch- und Ösenzange
Ösen in Silber
Satinband in Blau, 3 mm breit

Zeichnen Sie von Hand die Form einer Limette auf das hellgrüne Papier und schneiden Sie diese aus. Dabei kommt es nicht auf Perfektion an, denn keine Frucht sieht aus wie die andere.

Lochen Sie das Etikett am oberen Ende und bringen Sie eine Öse an. Stempeln Sie den Anfangsbuchstaben auf und schreiben Sie die restlichen Buchstaben mit der Hand. Verzieren Sie den unteren Teil des Etiketts mit dem Masking Tape und bringen Sie es mit dem zur Schleife gebundenen Satinband an der Flasche an.

Ananassirup
lecker mit Prosecco

Bringen Sie die Fruchtstücke mit dem Wasser zum Kochen und lassen Sie diese ca. 20 Minuten köcheln. Anschließend gießen Sie den Ananassud durch ein Sieb.

Mischen Sie den Sud mit der Zitronensäure und rühren Sie so lange, bis die Zitronensäure sich aufgelöst hat. Gießen Sie den Sud durch einen Kaffeefilter, wenn Sie einen klaren Sirup wünschen.

Kochen Sie den Sud zunächst mit 600 g Zucker auf und lassen Sie ihn wiederum 15–20 Minuten köcheln. Ist der Sirup dann noch nicht süß genug, geben Sie weiteren Zucker hinzu. Gießen Sie den kochend heißen Sirup in sterilisierte Flaschen und verschließen Sie diese sofort.

Serviervorschlag: Gießen Sie für einen Drink 2–3 EL Ananassirup mit 150 ml eiskaltem Bitter Lemon oder Prosecco auf.

Der Ananassirup ist ca. ein Jahr haltbar.

Die Verpackungsidee für den Ananassirup finden Sie auf Seite 46/47.

Zutaten für 3 Flaschen à 400 ml

½ frische Ananas, geputzt (ca. 600 g), gewürfelt
1 l Wasser
600–900 g Zucker
1 Pck. Zitronensäure (10 g)

Manschetten für den Ananassirup

Die Vorlage auf die Rückseite des Musterpapiers übertragen und an den durchgezogenen Linien ausschneiden. Legen Sie an den gestrichelten Linien ein Lineal an und fahren Sie mit dem Falzbein mit gleichmäßigem Druck zweimal daran entlang. Nun lässt sich der Karton gut falten.

Kleben Sie die Banderole mit dem doppelseitigen Klebeband zusammen. Ziehen Sie das Satinband durch die Schlitze, fädeln Sie dabei das ausgestanzte, nach Wunsch beschriftete und verzierte Etikett auf und binden Sie das Band zur Schleife. Nun kann die Banderole über das Glas gestülpt werden.

Wenn Sie wollen, können Sie noch einen 2,5 cm großen Kreis aus einem Reststück des Musterpapiers ausschneiden oder -stanzen und mit doppelseitiger Klebefolie auf dem Deckel der Flasche befestigen.

Material

Musterpapier in Türkistönen
Fotokarton in Weiß
Motivlocher „Etikett", 3 cm x 4,5 cm
Masking Tape in Hellgelb
Ministempel „Blüte"
Stempelkissen in Gelb
Cutter und Schneideunterlage
Falzbein
Lochzange
Satinband in Cremeweiß, 3 mm breit
doppelseitiges Klebeband und Klebefolie

Vorlage Seite 59

Wissenswertes zu Likören und Sirupen

Liköre sind aromatische, alkoholische Getränke mit hohem Zuckergehalt, die schon seit dem 13. Jahrhundert hergestellt werden. Ursprünglich waren Liköre jedoch Heilmittel und vor allem in Apotheken und Klöstern zu finden. Zucker wurde etwa 100 Jahre später zugesetzt, um den meist bitteren Geschmack zu mildern und um den Likör genießen zu können.

Die Haltbarkeit von Likören, die in der heimischen Küche hergestellt werden, ist vor allem davon abhängig, wie hoch der Alkoholanteil ist. Liköre ab 17 bis 25 Volumenprozent sollten normalerweise innerhalb von zwei Jahren aufgebraucht werden. Dies gilt jedoch nicht, wenn zum Beispiel Eier oder Sahne verwendet wurden. Diese Liköre sollten im Kühlschrank aufbewahrt werden, sobald sie angebrochen wurden, und innerhalb weniger Wochen aufgebraucht werden.

Liköre werden am besten stehend und bei Zimmertemperatur aufbewahrt. Direktes Sonnenlicht ist für das Aroma der Liköre nicht empfehlenswert.

Sirupe zeichnen sich dadurch aus, dass sie durch den hohen Zuckergehalt lange haltbar sind. Fruchtsirupe können aus fast allen Früchten hergestellt werden und werden gern zum Mischen mit Mineralwasser oder für alkoholische Drinks eingesetzt.

Es ist immer praktisch, einen guten Likör oder Sirup zur Hand zu haben: Sowohl Gäste wie auch Gastgeber freuen sich über diesen Genuss in Flaschen. Damit die Köstlichkeiten auch so lange wie möglich frisch bleiben, finden Sie hier einige Informationen zum Thema.

Selbst hergestellte Sirupe werden am besten in einem Schrank aufbewahrt. Die Einwirkung von Sonnenlicht kann dazu führen, dass sie rasch ihre schöne Farbe verlieren.

Sirupe sind im Sommer eine gute Möglichkeit, Obst haltbar zu machen, wenn im Garten gleichzeitig alle Kirschbäume Früchte tragen.

Kirschteesirup mit Kardamom

Kochen Sie das Wasser auf und lassen Sie die Teebeutel und die Kardamomkapseln 10 Minuten ziehen. Entfernen Sie die Teebeutel und die Kapseln.

Rühren Sie den Zucker unter, bis er sich vollständig aufgelöst hat. Dann den Sud mit Zitronensaft abschmecken und den Sirup weitere 10 Minuten köcheln lassen. Füllen Sie den Sirup in sterilisierte Flaschen und verschließen Sie diese.

Tipp: Diesen Sirup können Sie natürlich auch mit anderen Teesorten herstellen. Kardamom passt auch ausgezeichnet zu Orangentee. Zu Weihnachten kann man noch eine Zimtstange zum Sud geben.

Der Kirschteesirup ist ca. ein Jahr haltbar.

Die Verpackungsidee für den Kirschteesirup finden Sie auf Seite 52/53.

Zutaten für 3 Flaschen à 500 ml

1 l Wasser
12 Beutel Kirschtee
1 kg Zucker
Saft von 1 Zitrone
5–6 Kardamomkapseln

Wimpel-Anhänger für den Kirschteesirup

Material
Musterpapier in Rosa- und Rottönen
Fotokarton in Dunkelrot
Fähnchenstempel
Buchstabenstempel
Stempelfarbe in Weiß
Loch- und Ösenzange
Öse in Rosa
Satinband in Creme und Dunkelrot, 3 mm breit

Stempeln Sie das Fähnchen und den Rezepttitel auf den dunkelroten Karton. Lochen Sie den Anhänger am oberen Ende und schneiden Sie ihn mit einem 3 mm breiten Rand aus.

Den Anhänger auf das Musterpapier legen und mit einem 5 mm breiten Rand ausschneiden. Beide Papiere passgenau übereinanderlegen und auch das Musterpapier lochen. Nun werden beide Papiere mit der rosafarbenen Öse zusammengefasst.

Schneiden Sie von beiden Satinbändern ein je 55 cm langes Stück ab, legen Sie beide Bandstücke zusammen und binden Sie den Anhänger mit einer Schleife um den Flaschenhals.

Rumtopf
Klassiker in neuem Gewand

Waschen Sie die Orange mit heißem Wasser und trocknen Sie sie ab. Schälen Sie anschließend die Schale ringförmig und möglichst an einem Stück ab. Schaben Sie eventuell verbliebene weiße Schalenreste ab, da diese sonst Bitterstoffe freisetzen. Kochen Sie die Orangenstreifen mit den Kardamomkapseln bzw. dem Vanillemark, den Zimtstangen und dem Rum in einem Topf auf.

Den Kandiszucker und die Früchte in Gläser schichten und mit dem Rumsud auffüllen. Die Früchte müssen vollständig bedeckt sein. Lassen Sie den Rumtopf zugedeckt mindestens drei bis vier Wochen ziehen.

Der Rumtopf ist ca. ein Jahr haltbar. Bewahren Sie ihn dunkel auf, da sich die Früchte unter Lichteinwirkung verfärben.

Die Verpackungsidee für den Rumtopf finden Sie auf Seite 56/57.

Zutaten für 3 Gläser à 400 ml

1 Bio-Orange
6 Kardamomkapseln oder Mark einer Vanilleschote
3 Zimtstangen
700 ml weißer Rum (54 % Vol.)
300 g brauner Kandiszucker
1 gelbfleischiger Pfirsich, in Schnitze geschnitten
2 Aprikosen, in Schnitze geschnitten
300 g Kapstachelbeeren, ohne Blätter
8 Mirabellen, halbiert, entsteint
¼ Ananas, geputzt und gewürfelt

Deckel-Etiketten für den Rumtopf

Schneiden Sie aus dem orange- bzw. türkisfarbenen Karton mit weißen Pünktchen einen 8,4 cm großen Kreis und aus dem weißen Karton mit orange- bzw. türkisfarbenen Pünktchen einen 6,5 cm großen Kreis aus. Beide Teile zusammenkleben, wobei der kleinere Kreis zentriert ausgerichtet wird.

Schneiden Sie aus dem grauen Karton einen 5 cm großen Kreis aus und beschriften Sie ihn mit dem Korrekturstift. Kleben Sie auch diesen Kreis nach dem Trocknen der Schrift zentriert auf die beiden anderen Kreise und befestigen Sie das runde Etikett mit der Klebefolie auf dem Deckel des Einmachglases. Zum Schluss wird eine Schleife um das Glas gebunden.

Material
Karton in Rot-Weiß, Orange-Weiß oder Blau-Weiß gepunktet
Fotokarton in Grau
Korrekturstift in Weiß
doppelseitige Klebefolie
Satinband in Weiß, 9 mm breit
Zirkel

Vorlagen

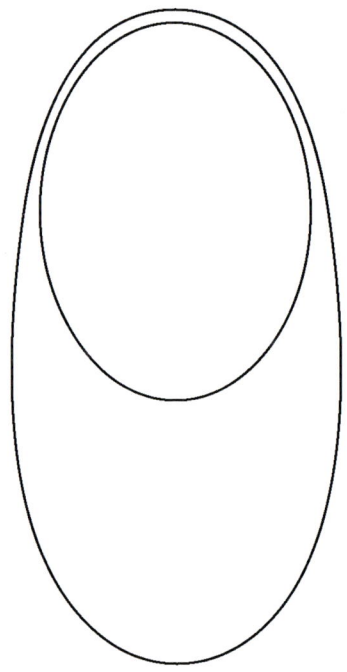

Ovale Anhänger
Seite 10/11

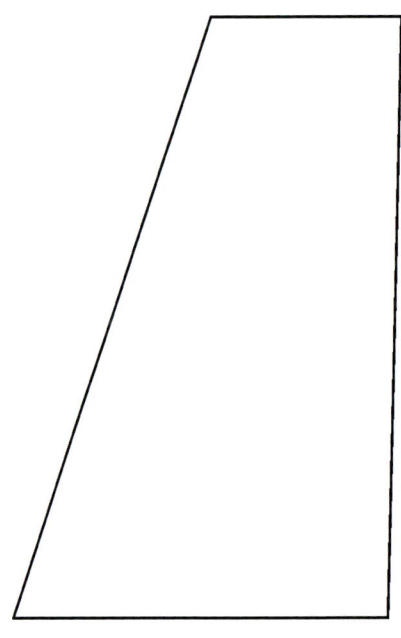

Moderne Etiketten
Seite 24/25

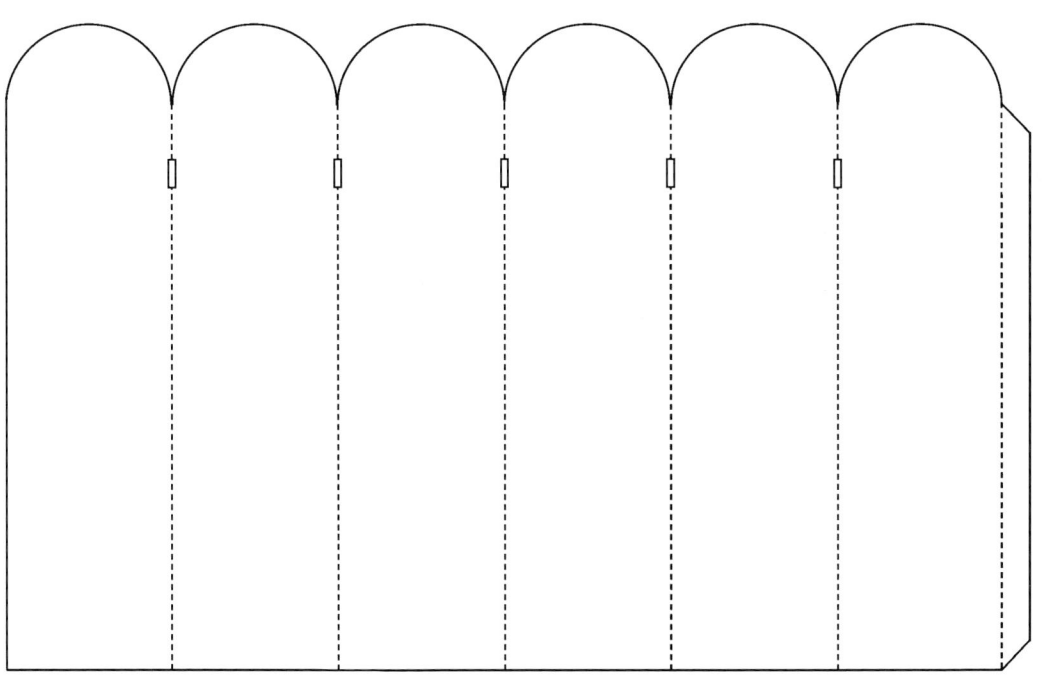

Manschetten
Seite 46/47
Die Vorlage auf 133 % vergrößern

Die kreative Manufaktur
Selbermachen. Genießen. Verschenken.

Bücher aus der kreativen Manufaktur

TOPP 5900
978-3-7724-5900-9

TOPP 5902
978-3-7724-5902-3

TOPP 5901
978-3-7724-5901-6

TOPP 5903
978-3-7724-5903-0

In der kreativen Manufaktur entsteht Einmaliges und Unverwechselbares. Hier werden schöne Dinge noch mit Liebe und Leidenschaft von Hand gefertigt und mit Sorgfalt verpackt.

Die Welt der kreativen Manufaktur umfasst liebevoll gestaltete Bücher und ein umfangreiches Produktsortiment zum Thema „Schenken und Verpacken".

TOPP 5904
978-3-7724-5904-7

TOPP 5905
978-3-7724-5905-4

TOPP 5906
978-3-7724-5906-1

TOPP 5907
978-3-7724-5907-8

TOPP 5908
978-3-7724-5908-5

TOPP 5909
978-3-7724-5909-2

TOPP 5910
978-3-7724-5910-8

Schenken und Verpacken mit der kreativen Manufaktur

Im Design der kreativen Manufaktur gibt es auch Etiketten, Geschenkanhänger, Dosen, Schachteln und vieles mehr. Sie sind über den gut sortierten Buchhandel oder www.kreative-manufaktur.de erhältlich.

8 Geschenkschachteln
Art. Nr. 9125
€ (D) 7,99/€ (A) 8,10

Geschenkanhänger
Art. Nr. 19420
€ (D) 3,99/€ (A) 4,10

2 Dosen
Art. Nr. 9133
€ (D) 7,99/€ (A) 8,10

Baker's Twine in Gelb, Rot oder Grün
Art. Nr. 19426 / 19441 / 19442
jeweils € (D) 9,99/€ (A) 10,30

Die Autorinnen

Anna Postel

Mit einer Begeisterung für alles Schöne aus Stoff und Papier entschied sich Anna Postel nach dem Abitur zu einer Buchbinder-Ausbildung. Von 2007 bis 2012 studierte sie Buchkunst an der Burg Giebichenstein Kunsthochschule Halle und schloss das Studium als Diplomkünstlerin ab. Unter ihrem Label „Kleine Madame" vertreibt sie handgearbeitete Schachteln und genähte Einzelstücke.

Karina Schmidt

Die Liebe zum Kochen entdeckte Karina Schmidt schon als Jugendliche. Die eigenen Rezepte „nur" Freunden oder der Familie zu präsentieren, reichte ihr jedoch irgendwann nicht mehr aus. Der Wunsch entstand, ein breiteres Publikum zu erreichen. Inzwischen hat Karina Schmidt mehrere Bücher zum Thema Kochen und kulinarische Entdeckungsreisen geschrieben, veranstaltet Kochseminare und arbeitet als freiberufliche Foodstylistin.

Impressum

Verpackungsmodelle: Anna Postel
Rezeptentwicklung: Karina Schmidt

Fotos: frechverlag GmbH, 70499 Stuttgart; fotolia: Blütenstaub (Seite 49 Mitte), Carmen Steiner (Seite 28 oben), Dušan Zidar (Seite 33), Eliasbilly (Seite 56 links), Gudrun (Seite 12 unten und 53 links), Jiri Hera (Seite 26 unten rechts und 48 Mitte), Manulito (Seite 3 rechts), Mara Zemgaliete (Seite 5 Mitte und 50 oben), McKay (Seite 48 oben), Nitr (Seite 8 unten), Petrabarz (Seite 49 unten), Sebastian Duda (Seite 27 unten Mitte), Standret (Seite 26 oben Mitte), Sven_Vietense (Seite 41 unten links), takau99 (Seite 26 oben rechts), Thomas Francois (Seite 34 und 49 oben), Thomas Siepmann (Seite 28 unten links); istock: lvenks (Seite 32), © Fräulein Zuckerwatte – www.fraeuleinzuckerwatte.de (Bild Anna Postel (Seite 64)); lichtpunkt, Michael Ruder, Stuttgart (alle übrigen)

Reihenkonzept: Katrin Hartmann
Produktmanagement: Katrin Hartmann
Lektorat und Stimmungstexte: Beeke Heller, Katrin Hartmann
Markendesign und Layout: N I T R I B I T T Kommunikation & Design, Thomas Detlaf, Kischa Scheibe, Marco Schenck, www.nitribitt.com
Satz: elektrolyten, Petra Schmidt, München, www.elektrolyten.de

Druck und Bindung: GPS Group GmbH, Österreich

Materialangaben und Arbeitshinweise in diesem Buch wurden von den Autorinnen und den Mitarbeitern des Verlags sorgfältig geprüft. Eine Garantie wird jedoch nicht übernommen. Autorinnen und Verlag können für eventuell auftretende Fehler oder Schäden nicht haftbar gemacht werden. Das Werk und die darin gezeigten Modelle sind urheberrechtlich geschützt. Die Vervielfältigung und Verbreitung ist, außer für private, nicht kommerzielle Zwecke, untersagt und wird zivil- und strafrechtlich verfolgt. Dies gilt insbesondere für eine Verbreitung des Werkes durch Fotokopien, Film, Funk und Fernsehen.

Hilfestellung zu allen Fragen, die Materialien und Kreativbücher betreffen:
Frau Erika Noll berät Sie. Rufen Sie an: 05052/911858 (normale Telefongebühren)

2. Auflage 2013
© 2013 frechverlag GmbH, 70499 Stuttgart

ISBN 978-3-7724-5911-5
Best.-Nr. 5911